AF587025

LES
MARIS BATTUS
ET CONTENS,

Vaudeville en un acte,

PAR J. M. P. AMÉDÉE-ADAM,

Représenté pour la première fois sur le Théâtre des Célestins, à Lyon, le 22 décembre 1820.

Prix : 1 fr. 25 c.

A LYON,
Imprimerie de PELZIN, quai St-Antoine, N.° 36.

1821.

Personnages.	*Acteurs.*
BLINVAL, sous le nom de Derville, (*jeune premier*)	MM. Adam.
DORIMONT, vieux fat élégant, (*caricature*)	Hippolyte.
FRONTIN, valet de Blinval, (*premier comique*)	Huguet.
LAFLEUR, intendant de Dorimont, à prétention comme son maître, (*second comique*)	Félix.
Mad. BLINVAL, (*jeune prem.*)	M.es Dorsonville
FINETTE, sa femme-de-chambre, (*première soubrette*) . . .	Adam.

La Scène se passe à Paris, chez Mad. Blinval.

S'adresser, pour la musique, à M. MORISOT, second chef d'orchestre du Théâtre des Célestins, à Lyon.

Tous les exemplaires seront signés par l'auteur, qui poursuivra les contrefacteurs. Adam

LES MARIS BATTUS ET CONTENS.

Le Théâtre représente un jardin agréable ; une grille traverse le fond : à la gauche du Spectateur, est l'extérieur de la maison de Blinval ; à la droite, un cabinet de verdure ; devant le cabinet est une table garnie. Au lever du rideau, Mad. Blinval est occupée à dessiner ; Finette brode.

SCÈNE PREMIÈRE.

MAD. BLINVAL, FINETTE.

FINETTE.

COMMENT, Madame, il se pourrait?.....

Mad. BLINVAL.

Oui, Finette ; écoute ce que m'écrit Mad. Detourville. (*Lisant.*) « Ma chère amie, votre mari » et son domestique sont débarqués hier au Hâvre : » par le plus grand des hasards, je les ai rencontrés à bord d'un vaisseau qui les amène de la » Guadeloupe, sur lequel j'avais des marchandises. » Après un moment d'entretien, j'ai su qu'ils » avaient formé un projet concernant vous et Finette. D'abord ils ne voulaient point m'en faire » part ; mais.... (*Elles se lèvent.*)

AIR : *Vaudeville de Ninon chez Mad. de Sévigné.*

» A force de les tourmenter,
» J'ai su tout ce qu'ils voulaient faire :
» Chez vous ils vont se présenter
» Sous l'uniforme militaire.

» Je vous en instruis promptement,
» Leur but étant de vous surprendre,
» Et c'est un service important
» Qu'entre femmes l'on doit se rendre. (*bis.*)

» Du Hâvre, le 10 juillet 1820. »

Cette Mad. de Tourville a une manière. . . .

FINETTE.

Le 10 juillet : et c'est aujourd'hui ?. . .

Mad. BLINVAL (*posant la lettre sur la table*).

Le quatorze.

FINETTE.

Plus de doute ; ce capitaine de vaisseau et son matelot qui se sont présentés ce matin, avant votre lever, pour nous donner des nouvelles de nos maris, ne sont autres que nos maris eux-mêmes.

Mad. BLINVAL.

Et tu ne les a pas reconnus ?

FINETTE.

Ils ont de longues moustaches, ils composent leur maintien ; à présent que je sais que ce sont eux, je ne puis m'empêcher d'en rire.

Mad. BLINVAL.

AIR : *De l'Avare.*

Comment, après cinq ans d'absence,
Ils ne volent pas dans nos bras !

FINETTE.

Ah ! de ton peu de confiance,
Frontin, tu te repentiras.
De nous venger, j'ose le croire,
En ce jour, il nous est permis ;
D'ailleurs, tourmenter des maris,
C'est presque une œuvre méritoire.

LES MARIS BATTUS ET CONTENS.

Le Théâtre représente un jardin agréable ; une grille traverse le fond : à la gauche du Spectateur, est l'extérieur de la maison de Blinval ; à la droite, un cabinet de verdure ; devant le cabinet est une table garnie. Au lever du rideau, Mad. Blinval est occupée à dessiner ; Finette brode.

SCÈNE PREMIÈRE.

MAD. BLINVAL, FINETTE.

FINETTE.

COMMENT, Madame, il se pourrait?.....

MAD. BLINVAL.

Oui, Finette ; écoute ce que m'écrit Mad. Detourville. (*Lisant.*) « Ma chère amie, votre mari » et son domestique sont débarqués hier au Hâvre : » par le plus grand des hasards, je les ai rencon- » trés à bord d'un vaisseau qui les amène de la » Guadeloupe, sur lequel j'avais des marchandises. » Après un moment d'entretien, j'ai su qu'ils » avaient formé un projet concernant vous et Fi- » nette. D'abord ils ne voulaient point m'en faire » part ; mais.... (*Elles se lèvent.*)

AIR : *Vaudeville de Ninon chez Mad. de Sévigné.*

» A force de les tourmenter,
» J'ai su tout ce qu'ils voulaient faire :
» Chez vous ils vont se présenter
» Sous l'uniforme militaire.

AIR : *Vaudeville du Secret de Madame.*

Employons tout notre génie ,
Il y va de notre bonheur ;
C'est par un peu de jalousie
Que nous doublerons leur ardeur. (*bis.*)

Mad. BLINVAL.

Ah ! je suis sûre que leur flamme
Les trahira.....

FINETTE.

Ça se peut bien ;
Moi , je le crois aussi , Madame ,
Mais il ne faut jurer de rien. (*bis.*)

Mad. BLINVAL , FINETTE.

Employons tout notre génie ,
Il y va de notre bonheur ;
C'est par un peu de jalousie
Que nous doublerons leur ardeur.

Mad. BLINVAL.

Ah ! M. Blinval ! . . . Oui , Finette , ton plan est accepté. . . . Mais je suis encore dans un négligé.... Je vais. . . .

FINETTE.

Madame , il y a un peu de coquetterie dans votre fait !

Mad. BLINVAL (*souriant*).

Non , Finette , il est déjà tard , quelqu'un peut venir , et je ne voudrais pas. . . .

FINETTE (*malignement*).

Oh ! vous avez raison , Madame ; mais hâtez-vous , car nos chers époux ne tarderont sûrement pas à se présenter.

Mad. BLINVAL.

Je reviens dans l'instant.

FINETTE.

Ah ! ça, Madame, point de faiblesse, au moins ; songez qu'il nous faut donner une bonne leçon à ces Messieurs.

Mad. BLINVAL.

Cependant, Finette. . . .

FINETTE.

Ah ! Madame, point de cependant ; . . . d'ailleurs, s'il vous arrivait de chanceler, je suis là pour vous soutenir.

Mad. BLINVAL.

Fort bien, Finette.

FINETTE.

Mais, d'un moment à l'autre, ils peuvent venir. . . .

Mad. BLINVAL.

Cinq minutes, et du moins je serai présentable.

SCÈNE II.

FINETTE (*seule*).

MA foi, mon cher ami Frontin voudra bien se passer de ma toilette. C'est fort bien, Messieurs, votre conduite est vraiment digne d'éloges.... Douter de notre fidélité ! Je veux être inflexible ! . . . Les jaloux ! . . . Jaloux n'est pas le mot ! . . . Je ne trouverai point de vengeance assez forte. . . . Ah ! mes petits Messieurs, combien de maris s'estimeraient heureux d'en être quittes à si bon marché que vous !

AIR : *Maris jaloux, vous avez tort.* (Diable couleur de rose.)

Maris absens, ah ! croyez-moi,
Le bonheur dépend de la foi ;

Fiez-vous à la veuve.
Ah ! pour être heureux ici-bas,
Chers maris.... , vrai.... , ne mettez pas
Vos femmes à l'épreuve.

Mais on vient ! . . . Madame ! . . . Madame. ! . . .

AIR : *Du pas redoublé.*

J'entends, je crois, les ennemis;
Je meurs d'impatience :
Oui, vraiment, ce sont nos maris,
Il faut de la prudence.
Sur-tout n'allons pas déroger,
Sachons qu'il faut combattre;
Une femme, pour se venger,
Est pis qu'un diable-à-quatre.

(*Appelant toujours*) Madame ! Madame !

SCÈNE III.

MAD. BLINVAL, FINETTE.

FINETTE.

Ah ! vous voilà enfin ! . . . Je les entends.

Mad. BLINVAL (*avec joie*).

Nos maris ?

FINETTE.

Oui, Madame, nos maris.

Mad. BLINVAL.

Ah, Finette !

FINETTE.

Du courage, Madame, les voici.

Mad. BLINVAL.

AIR : *En reconnaissance.* (Du petit Courier.)

Quel trouble en mon ame,
Je ressens déjà !

SCÈNE IV.

Les précédens, BLINVAL, en Capitaine de vaisseau ; FRONTIN, en Matelot.

BLINVAL (*saluant*).

(*Suite de l'air.*)

Pardonnez, Madame !

(*Bas à Frontin.*)

Frontin, la voilà !

FRONTIN (*saluant*).

Pardonnez, Madame !

(*Bas à Blinval.*)

Monsieur, la voilà !

Mad. BLINVAL (*à part*).

Contrainte cruelle !

FRONTIN (*à part*).

Cachons bien nos traits.

BLINVAL (*à part*).

Ah ! Dieu ! qu'elle est belle !

FINETTE (*à part*).

Grands dieux ! qu'ils sont laids !

Mad. BLINVAL, FINETTE.	BLINVAL, FRONTIN.
Quel trouble en mon ame Je ressens déjà ! Quoi ! près de sa femme, Il en reste là !	Quel trouble en mon ame Je ressens déjà ! Si près de ma femme, Et j'en reste là !

FRONTIN (*bas à Blinval*).

Ah ! Monsieur, comme elles sont embellies !

BLINVAL (*bas*).

Paix, maraud !

FRONTIN (*de même*).

Croyez-moi, volons dans leurs bras ; moi, je n'y puis plus tenir.

BLINVAL (*de même*).

A ton rôle, ou je te chasse.

FINETTE (*haut*).

Madame, ce sont ces Messieurs dont je vous ai parlé ce matin.

Mad. BLINVAL (*à part*).

Ah ! M. Blinval, j'aurai autant de courage que vous.

FRONTIN (*à part*).

Je ne puis me lasser de la regarder.

BLINVAL.

Madame, je suis le capitaine de vaisseau, Derville.

FRONTIN (*grossissant sa voix*).

Et moi, le matelot Sabord.

BLINVAL.

Nous arrivons de la Guadeloupe.

FRONTIN.

Oui, nous arrivons . . . .

Mad. BLINVAL (*affectant un air froid.*)

Je le sais, et vous nous apportez des nouvelles de nos maris ?

BLINVAL.

Oui, Madame. (*A part.*) Avec quelle indifférence....

FRONTIN.

Oui, Madame, ce sont de leurs nouvelles....

BLINVAL (*bas et avec humeur*).

Veux-tu bien te taire ? (*Haut*). Veuillez, je vous

prie, Madame, prendre connaissance de cette lettre.

FRONTIN.

Croyez-moi, Monsieur, ces femmes-là sont fidèles.

BLINVAL (*avec colère*).

Continue, et. . . .

FRONTIN.

Ne vous fâchez pas.

Mad. BLINVAL (*regardant la signature, et très-froidement.*)

Cette lettre est de mon mari?

BLINVAL.

Oui, Madame. (*A part.*) Toujours!

Mad. BLINVAL (*lisant*).

AIR : *Vers le temple de l'Hymen.*

« Le porteur de ce billet
« Est un ami véritable,
» D'un esprit doux, vif, affable;
» C'est te faire mon portrait.

(*Souriant.*) Mon cher époux n'est pas modeste.

» Donne-lui ta confiance,
» Ne crains point la médisance,
» Honni soit qui mal y pense!
» Il est notre ami commun :
» Sois son guide dans la ville,
» Offre-lui même un asile;
» Tous deux nous ne faisons qu'un. (*bis.*)

Mad. BLINVAL (*avec finesse*).

Blinval et vous ne faites qu'un, cela se peut; mais cependant je ne puis accorder à M. Derville ce que M. Blinval a droit d'exiger.... Je vous avoue que jai peine à comprendre le véritable sens de sa lettre.... Vous pourriez peut-être?....

BLINVAL (*embarrassé*).

Moi , Madame ?

FRONTIN (*bas*).

Monsieur , vous vous êtes trop avancé.

Mad. BLINVAL (*relisant*).

Accorde-lui même un asile... : Vous m'avouerez que cela ne se peut pas ... Plus haut... : honni soit qui mal y pense ... : Mon mari a des idées très-philosophiques ; elles me tranquillisent sur l'avenir. D'après de tels sentimens , M. Blinval n'en croira jamais que sa femme , se montrera toujours plein de confiance en elle.... Je suis sûre que , dans ce moment même , il ne doute nullement de sa fidélité.

BLINVAL.

Madame ! ... (*A part.*) Ah ! quel embarras !

Mad. BLINVAL.

C'est par excès d'amitié pour vous , Monsieur , que Blinval exagère ainsi ; il a pensé que vous n'abuseriez point de ses pouvoirs , et s'en est sur-tout rapporté à ma sagesse : mais changeons de conversation. (*Négligemment.*) M. Blinval se porte bien ?

FINETTE (*de même*).

M. Frontin jouit sans doute d'une parfaite santé ?

BLINVAL.

M. Blinval , Madame , se porte à ravir.

FRONTIN.

M. Frontin aussi se porte comme un charme ; j'oserai même dire qu'il y a peu de santé comme la sienne.

Mad. BLINVAL.

Ces Messieurs , par fois , n'oublient pas leurs femmes ?

BLINVAL.

Madame, pouvez-vous le penser !

AIR : *Du canon de Kreubé.* (Dans 15 ans d'absence.)

Ah ! loin de vous, Madame,
Blinval souffre et gémit !

FRONTIN.

Hélas, loin de sa femme,
Frontin meurt, dépérit !

BLINVAL.

Toujours il fut fidèle,
Je vous en fais serment ;
Mais quand on est si belle, } *bis.*
Craint-on le changement ?

BLINVAL, FRONTIN.

Hélas ! loin de sa femme,
Frontin { souffre et gémit ;
Blinval {
Daignez croire à sa flamme,
Madame, il vous chérit :
Toujours il fut fidèle,
Oui, j'en fais le serment ;
Mais quand on est si belle,
Craint-on le changement ?

Mad. BLINVAL, FINETTE.

Hé quoi ! loin de sa femme,
Frontin { souffre et gémit !
Blinval- {
Je veux croire à sa flamme,
Puisque Monsieur le dit :
Toujours il fut fidèle,
D'après votre serment ;
Mais, quoique l'on soit belle,
On craint le changement.

BLINVAL.

Vous le savez : forcé de s'absenter pour aller prendre possession des biens de son oncle, M. Blinval fut retenu, depuis ce temps, à la Guadeloupe, pour défendre un procès d'où dépendait sa fortune ; il l'eût sacrifiée cent fois pour se rapprocher de vous, si la raison n'eût soutenu son courage : mais enfin, Blinval va revenir dans vos bras renouveler les sentimens d'un amour que le temps et l'absence n'ont pu altérer en rien.

Mad. BLINVAL (*appuyant*).

Et vous croyez qu'après une aussi longue séparation, il ne diffèrera pas le plaisir ?....

BLINVAL.

Madame....

FRONTIN (*à part*).

Mon maître est fort embarrassé.

BLINVAL.

Mais, Madame, permettez-moi de vous faire un léger reproche au nom de votre époux.

Mad. BLINVAL.

Comment, Monsieur ?

BLINVAL.

Cette froideur, cette indifférence, ... en parlant de Blinval.....

Mad. BLINVAL.

N'ont rien qui doive vous étonner.

BLINVAL.

Mais, Madame.....

Mad. BLINVAL.

Non, Monsieur : depuis cinq ans M. Blinval ne m'a écrit que six fois ; vous m'avouerez que cette négligence de sa part est impardonnable ; elle pourrait me faire naître des doutes sur son amour, sa constance : sa conduite, quelle qu'elle soit, ne pourrait jamais m'engager à me faire oublier mes devoirs ; mais je ne suis pas maîtresse d'un certain refroidissement.... Ah ! si les femmes changent par fois, c'est souvent à vous, Messieurs, qu'on doit en attribuer la cause.

FINETTE (*bas*).

Bien, très-bien, Madame.

BLINVAL.

Cependant. . . .

FRONTIN.

Et vous, Mad. Frontin ? . . .

FINETTE.

Je pense comme ma maîtresse.

FRONTIN (*à part.*).

Aie ! aie ! aie !

Mad. BLINVAL (*à part*).

Mon cher mari est un peu étourdi du coup. (*Haut*). Messieurs, je vous retiens à dîner; j'espère que vous ne me refuserez pas; en attendant, je vais vous faire servir des rafraîchissemens.

FRONTIN (*à part*).

Je crois que nous en aurons besoin.

Mad. BLINVAL.

Suis-moi, Finette.

AIR : *On m'avait vanté la guinguette.*

Nous nous montrerons serviables,
Et vous savez qu'en tous pays,
Les femmes sont très-charitables
Pour les amis de leurs maris.
Ici la gaîté vous convie ;
Du mieux il faut passer le temps ;
On ne craint point de bouderie
Lorsque les maris sont absens.

Mad. BLINVAL, FINETTE.	BLINVAL, FRONTIN.
Nous nous montrerons serviables, etc.	Elles seront très-serviables, Hélas! on sait qu'en tous pays...

SCÈNE V.

BLINVAL, FRONTIN.

(*Ils se regardent quelque temps avec surprise.*)

BLINVAL.

Frontin ?

FRONTIN.

Monsieur ?

BLINVAL.

Que dis-tu de tout ceci ?

FRONTIN.

Que pensez-vous de ce que vous venez d'entendre ?

BLINVAL.

Cinq ans d'absence auraient changé Mad. Blinval au point. . . . . Leur conduite, Frontin, n'est pas naturelle. . . . Il se passe ici quelque chose d'extraordinaire. . . . Ah ! mon inquiétude est extrême. . . . « Rien n'aurait pu me faire oublier mes devoirs ; » mais je ne puis me défendre d'un certain refroi- » dissement. »

FRONTIN.

Puis Finette ajoute. . . . « Je pense comme ma » maîtresse. » Ah ! Monsieur !

AIR : *Voyage désormais qui voudra.*

Quand, pour chercher un héritage,
Je quittai la France avec vous,
Finette m'aimait à la rage,
J'étais le plus heureux époux.
Hélas ! cinq ans d'absence
Changent bien la constance :
Oui, très-souvent l'amour
Fuit sans retour.
Ah ! peste soit du mariage,
S'il faut être un moment
Absent.
Hélas ! j'ai du cœur, } *bis.*
Cependant j'ai peur ; }
Oui, Monsieur, déjà,
Vrai, qui le croira,
Je sens un certain tic-tac là.

(*Sans chant.*) Nous étions si heureux avant notre départ ! rien ne troublait notre béatitude ! notre sécurité était parfaite ! nous coulions des jours filés par le bonheur et la constance ! et maintenant nous craignons pour ! . . . .

Voyage (*bis.*)
Désormais qui voudra !

BLINVAL.

Quoi ! Madame Blinval....

FRONTIN.

C'est votre faute aussi, Monsieur; vous vous avisez.... J'ai toujours entendu dire qu'il était aussi imprudent de surprendre sa femme, que d'écouter aux portes. Témoin....

AIR : *Du vaudeville de Florian.*

Un jaloux venait d'épouser
Une jeune et charmante femme ;
Pour défunt il se fit passer,
Et ce pour éprouver sa flamme :
Ce mari n'avait-il pas tort ?
N'était-ce pas une folie ?
Hélas ! pour avoir fait le mort,
Il s'en souvint toute la vie !

BLINVAL.

Cependant, Frontin, nous devons nous louer de notre stratagème ; sans ce déguisement, nous ignorerions la conduite de nos femmes, qui déjà nous paraît fort suspecte; et si elles sont indignes de notre amour, de notre estime, hé ! bien, nous fuirons, nous abandonnerons les ingrates !

AIR : *Vaudeville d'Angélique et Melcourt.*

Mon ami, nous voyagerons ;

FRONTIN.

Ah ! que cette idée est cruelle !

BLINVAL.

Jusqu'au moment où nous pourrons
Trouver une femme fidelle.

FRONTIN.

Où trouver ce miracle-là ?
Monsieur, demandez à la ronde,
Tous deux, peut-être, il nous faudra
Faire, hélas ! le tour du monde.

Bientôt, sans doute, nous saurons à quoi nous en tenir. A la première occasion, laissez-moi seul avec Finette ; je la connais, un secret et elle sont incompatibles.... Et... la voici... Allons, Monsieur, cachez-vous dans ce cabinet de verdure, d'où vous pourrez tout entendre.

BLINVAL.

Tu veux ! . . .

FRONTIN.

Monsieur, je vous en supplie ! . . .

BLINVAL.

Mais....

FRONTIN.

Vous n'avez pas un instant à perdre.

AIR : *Rentrez sans bruit.* (L'Homme-Vert.)

Allons, Monsieur, cédez à ma prière,
Cachez-vous dans ce cabinet ;
Il faut pénétrer ce mystère, (*bis.*)
Bientôt nous saurons leur secret. (*bis.*)

BLINVAL.

Ah ! je ne sais pourquoi je tremble. (*bis.*)

FRONTIN.

Est-ce donc un pressentiment ?
Mon cher maître, dans ce moment, (*bis.*)
Je crois que nous tremblons ensemble. (*bis.*)

BLINVAL.	FRONTIN.
Puisqu'il le faut, je cède à ta prière, Oui, j'entre dans ce cabinet, etc.	Allons, Monsieur, cédez à ma prière.

SCÈNE VI.

FRONTIN, FINETTE (*apportant des rafraîchissemens*), BLINVAL (*dans le cabinet*).

FINETTE.

Votre capitaine n'est point avec vous, M. Sabord ?

FRONTIN.

Non, Mad. Frontin ; il est sorti pour quelques momens.

FINETTE (*à part*).

Il est dans le cabinet.

FRONTIN.

En vérité, plus je vous vois, et plus j'envie le sort de ce coquin de Frontin.

FINETTE.

Coquin ! c'est le mot.

FRONTIN.

Haie ! (*A part.*) Ce n'est pas mal débuter. (*Haut*). C'est le mot, dites-vous ?... Auriez-vous à vous plaindre de lui ?

FINETTE.

Si j'ai à m'en plaindre ! Comment ! depuis cinq ans, à l'exemple de son maître, il ne m'a écrit que six fois ; cinq ans d'absence ont sans doute détruit en lui jusqu'au moindre germe de notre amour.... D'autres beautés, sans doute....

FRONTIN.

Je vous ai déjà répondu du contraire.

FINETTE.

Tout ne doit-il pas me le faire présumer ? Aussi, j'ai pris mon parti.

FRONTIN (*se grattant l'oreille*).

Vous avez pris votre parti ?

BLINVAL (*à la porte du cabinet*).

Ah ! pauvre Frontin !

FRONTIN (*balbutiant*).

Que voulez-vous dire ?

FINETTE.

Pendant quatre grandes années, je consumai ....

vie dans la douleur et les larmes, et je serais morte, je crois, si je n'avais rencontré des cœurs compatissans.

FRONTIN (*à part*).

Oh ! la scélérate! (*Haut*). Des cœurs compatissans !

FINETTE.

De tous les adorateurs qui m'obsèdent, un seul a fixé mes regards.

FRONTIN.

Un seul ?

FINETTE.

Oui, oui, un seul.

FRONTIN (*à part*).

C'est toujours consolant. (*Haut.*) Et quel est l'heureux mortel ?

FINETTE.

Ah ! quel est l'heureux mortel ?

AIR : *C'est son cousin.* (Nouveau Pourceaugnac.)

C'est mons Lafleur (*bis.*)
Qui me console du veuvage,
Et qui seul a touché mon cœur ;
Cependant je fus toujours sage ;
Mais j'aimerais le mariage
Avec Lafleur. (*bis.*)

FRONTIN.

Avec Lafleur!

FINETTE.

Devant Lafleur, (*bis.*)
Quand par hasard, un jour de fête,
Je walse avec certain docteur,
Je suis pis qu'une girouette ;
Mais qui me fait tourner la tête ? (*bis.*)
C'est mons Lafleur. (*bis.*)

FRONTIN.

Toujours Lafleur. (*A part*). Oh ! la traîtresse !

BLINVAL (*à part*).

Frontin, que je te plains !

FRONTIN.

Et qui est-il, ce Lafleur ? sans doute quelque valet ?

FINETTE.

Lafleur est l'intendant d'un certain Dorimont ; Lafleur est un homme de quarante à quarante-cinq ans, peu avantagé de la nature : on prétend qu'il n'a point d'esprit, même qu'il est un peu fat....

FRONTIN (*à part.*)

Oh ! que les femmes sont bizarres !

FINETTE.

Mais que ne font pas et les soins et la constance ?

FRONTIN.

Je suis l'ami de Frontin, Madame. Je trouve votre conduite on ne peut pas plus blâmable, et votre maîtresse devrait....

FINETTE (*appuyant sur les mots, afin que Blinval entende.*)

Ma maîtresse ne pourrait prêcher un exemple qu'elle ne suit pas elle-même.

BLINVAL.

Qu'entends-je !

FRONTIN (*à part*).

Ah ! mon pauvre maître ! (*Haut.*) Expliquez-vous.

FINETTE.

Le maître de Lafleur, M. Dorimont, un des richards de la Capitale, fait une cour assidue à Madame ; quoiqu'il soit beaucoup plus âgé que son intendant, il est encore aimable ; il est d'une générosité....

BLINVAL.

Je n'y tiens plus !

FRONTIN.

Et Madame répond-elle à l'amour de ce M. Dorimont ?

FINETTE.

Elle ne m'a jamais fait cette confidence ; mais je suis fine, et je me suis bien aperçue que M. Dorimont ne lui est pas indifférent.

FRONTIN (*à part*).

Le coup est porté !

BLINVAL (*à part*).

Mon malheur est certain !

(*On sonne.*) (*Le Souffleur doit avoir une sonnette.*)

FINETTE.

Ma maîtresse m'appelle ! . . . Pardon, M. Sabord. . . . Ah ça, je compte sur vous ? (*mettant son doigt sur la bouche*).

FRONTIN.

Oh ! soyez tranquille.

FINETTE.

C'est que je ne voudrais pas passer pour être indiscrète : on tient à sa réputation. (*A part, en s'en allant.*) Ah ! Messieurs, vous voulez éprouver vos femmes !

SCÈNE VII.

FRONTIN, BLINVAL (*sortant tout-à-fait du cabinet*).

FRONTIN.

Plus de doute, Monsieur, nos femmes nous trahissent.

BLINVAL.

Se peut-il que Mad. Blinval ? . . . Si je n'écoutais que ma colère ! . . .

FRONTIN.

Si je n'écoutais que ma rage ! . . .

BLINVAL.

Mais non, non, crois-moi, Frontin, point de scandale.

FRONTIN.

Oui : et, comme vous le disiez fort bien, il faut abandonner les perfides. . . . Voyageons.

BLINVAL.

Voyageons.

FRONTIN.

Et vengeons-nous, sur les autres femmes, de l'inconstance des nôtres.

BLINVAL.

Oui, Frontin !

FRONTIN.

Partons !

BLINVAL.

Ah ! Mad. Blinval, vous que j'adorais !

FRONTIN.

Ah ! Mad. Frontin, vous que j'idolâtrais ! . . . . . Allons, Monsieur, de la résignation.

BLINVAL.

Ah ! Frontin, j'en mourrai !

FRONTIN.

Mourir ! fi donc, Monsieur !

AIR : *Oui, c'est au fond du jardin.* (Le Marin.)

Au lieu de nous attrister,
Il faut chanter,
Et rire et boire :
Oui, noyons notre chagrin
Et l'humeur noire
Dans le vin.
Fuyons pour jamais ;
A d'autres attraits,
Monsieur, faisons la guerre ;
Voltigeons,
Trompons ;
Il faut nous faire
Tous deux garçons.

Frontin (*seul reprend l'air; Blinval est accablé.*)

Au lieu de nous attrister, etc.

Frontin.

Voici Madame et Finette; allons, Monsieur, cachez-leur votre trouble.

SCÈNE VIII.

Les précédens, Mad. BLINVAL, FINETTE.

Finette (*bas à Mad. Blinval.*)

Voyez... voyez, Madame!

Mad. **Blinval.**

Ne les tourmentons pas plus long-temps!

Finette.

Vous allez détruire notre ouvrage; encore un moment, et ils seront à nos pieds.

Blinval (*dans le plus grand trouble*).

Madame! .....

Dorimont, **Lafleur** (*dans la coulisse*).

Air: *De l'entrée des Savoyards.* (La Dansomanie.)

Sans ennui, sans chagrin,
Je veux passer ma vie;
Et vive la folie!
Et vive un gai refrain!

Finette.

Madame, c'est M. Dorimont et Lafleur.

Frontin (*bas à Blinval*).

Monsieur, ce sont nos rivaux.

SCÈNE IX.

Les précédens, DORIMONT, LAFLEUR.

(*Reprise de l'air.*)

Sans ennui, sans chagrin,
Je veux passer ma vie;
Et vive la folie!
Et vive un gai refrain!

DORIMONT.

Ah ! près de vous, Madame,
Je me sens rajeunir ;
Un feu divin m'enflamme,
C'est celui du désir ;
Je suis heureux,
Quand je vois vos beaux yeux !

LAFLEUR (*à Finette*).

Quand je vous voi,
Je suis tout hors de moi !

DORIMONT, LAFLEUR.

Vit-on jamais
Autant d'attraits !
A vos pieds, oui, toujours
Je veux passer ma vie ;
Et vive la folie !
Et vive les amours !

DORIMONT.

Salut à la plus belle, à la plus aimable !

LAFLEUR.

Salut à la plus jolie, à la plus piquante des soubrettes, présentes et futures.

Mad. BLINVAL.

Monsieur....

FRONTIN (*bas à Blinval*).

Et ce sont ces originaux !....

DORIMONT.

Eh ! quoi, ma toute belle, vous voulez nous interdire l'entrée de votre maison, m'a dit Finette : se pourrait-il !.... Mon respect....

Mad. BLINVAL.

Finette a pu se méprendre sur mes intentions. Je désire que vos visites soient moins fréquentes ; elles pourraient donner lieu à des soupçons....

DORIMONT.

Je vous approuve, Madame ; mais passer un jour

sans vous voir, sans vous entendre. . . . (*Mad. Blinval, par un geste, lui fait apercevoir que Blinval et Frontin sont présens.*) Ah ! pardon....

BLINVAL (*bas à Frontin*).

Il faut nous faire connaître.

FRONTIN.

Gardons-nous-en bien.

DORIMONT (*saluant Blinval*).

Puis-je savoir à qui j'ai l'honneur de parler ?

Mad. BLINVAL.

Monsieur est le capitaine de vaisseau Derville, arrivant de la Guadeloupe.

LAFLEUR (*saluant Frontin*).

Pourrais-je aussi ?. . .

FINETTE.

Monsieur est le matelot Sabord, arrivant de même de la Guadeloupe.

LAFLEUR.

Ah !

FRONTIN (*lui faisant plusieurs saluts*).

Oui, Monsieur, je. . . . .

DORIMONT.

De la Guadeloupe ! . . . Si je ne me trompe, c'est dans ce pays que sont vos maris ?

Mad. BLINVAL.

Précisément. Ces Messieurs nous en apportent des nouvelles.

DORIMONT (*riant*).

Des nouvelles de vos maris, voilà qui est charmant !

LAFLEUR.

C'est délicieux !

FRONTIN.

N'est-ce pas ?

BLINVAL (*à part*).

Ah ! qu'il me tarde de punir le fat ! . .

FRONTIN (*à part, faisant un geste menaçant*).

Ah ! maître Lafleur !

DORIMONT (*gaîment à Blinval*).

Je n'ai pas l'honneur de connaître M. Blinval ; mais j'ai l'avantage d'être l'ami de sa femme.

LAFLEUR.

Touchez-là, M. Sabord ; je n'ai pas l'avantage de connaître M. Frontin ; mais j'ai aussi le bonheur d'être l'ami de sa femme.

FRONTIN (*lui serrant la main avec force*).

Certainement, Monsieur....

LAFLEUR (*dégageant sa main*).

Aih ! aih ! comme vous serrez !

FRONTIN.

C'est que je sens vivement.

DORIMONT.

Ma toute belle, c'est aujourd'hui votre fête, m'a-t-on dit.

LAFLEUR (*à Finette*).

C'est aussi la vôtre.

FRONTIN (*bas à Blinval*).

Monsieur, c'est la fête de nos femmes.

DORIMONT.

Et je saisis cette occasion pour vous prier d'accepter...

Mad. BLINVAL.

Quoi donc, Monsieur ?

AIR : *Vaudeville de Catinat à Saint Gratien.*

Examinez ces diamans.

FINETTE.

Grands dieux ! quelle riche parure !

FRONTIN.

Monsieur ! . . . et nous sommes présens !

BLINVAL.

Ah ! c'est le comble de l'injure !

FINETTE.

Oh ! les beaux diamans !

DORIMONT.

Ils éblouiront tous les yeux :
Pourtant, acceptez sans alarmes ;
Car, malgré leur blancheur, leurs feux,
Ils brillent bien moins que vos charmes.

Mad. BLINVAL (*regardant son mari*).

Je ne sais si je dois.....

BLINVAL (*avec colère*).

Non, Madame, vous ne pouvez, vous ne devez point accepter les présens de Monsieur ; l'honneur vous le défend.

DORIMONT.

Qu'est-ce que cela signifie ?

BLINVAL.

Cela signifie que vos offres, vos assiduités, me déplaisent.

DORIMONT.

De quel droit ? . . .

BLINVAL (*sur le point de se déclarer*).

De quel droit ? . . . Je suis, . . . je le répète, je suis l'ami de Blinval ; et, comme tel, je vous ordonne de vous retirer à l'instant.

FRONTIN (*menaçant Lafleur*).

Et vous, maître Lafleur !

LAFLEUR (*avec fatuité*).

Qu'est-ce que c'est ?

Mad. BLINVAL.

Capitaine ! . . .

DORIMONT.

De me retirer ! . . . Voilà du nouveau ! Oh ! halte-là,

mon petit Monsieur. Nous verrons lequel de nous deux a le plus de pouvoir ici. Apprenez que c'est à vous de sortir.

FRONTIN (*à part*).

Il est fort, celui-là !

BLINVAL.

Insolent !

DORIMONT.

Insolent !

Mad. BLINVAL.

Eh ! Messieurs....

DORIMONT, BLINVAL, FRONTIN, LAFLEUR.

AIR : *Cœur infidèle.* (Blaise et Babet).

Je n'écoute plus que ma rage ; (*bis.*)
Ne m'insultez pas davantage. (*bis.*)
Ah ! j'enrage !
Vous payerez cher cet outrage.

BLINVAL.

Ah ! sortons, l'honneur vous appelle.

Mad. BLINVAL.

Mettez fin à ce différent.

DORIMONT.

Oui, pour vider notre querelle,
Nous prendrons un autre moment.

BLINVAL.

Partons, ou vous me feriez croire que vous n'êtes qu'un lâche.

Mad. BLINVAL (*alarmée*).

Ah ! Finette !

DORIMONT, LAFLEUR.

Un lâche !

DORIMONT, LAFLEUR, BLINVAL, FRONTIN (*reprise de l'air*).

Je n'écoute plus que ma rage !
etc.

Mad. BLINVAL, FINETTE.

Il n'écoute plus que sa rage !
Ah ! ne l'irritez pas davantage.
Moi, je gage
Qu'il ne pense plus à l'outrage.

Mad. Blinval (*vivement*).

Arrêtez, Messieurs, mettez fin à ces débats ; vous oubliez, ce me semble, que, si l'un de nous a le droit, ici, de congédier quelqu'un, ce droit-là m'appartient. A peine entré chez moi, Monsieur ordonne en maître, et c'est, dit-il, au nom de mon mari : quand M. Blinval reviendra près de son épouse, il fera valoir ses titres et ses pouvoirs ; jusque-là je veux être libre de mes actions.

Dorimont (*bas à Mad. Blinval*).

On ne peut mieux. (*A part.*) Cette femme-là m'adore !

Mad. Blinval (*avec impatience et regardant Blinval*).

Il ne se déclare pas !

Blinval.

Tremblez, Madame, qu'il ne soit instruit de votre conduite !

Mad. Blinval.

De ma conduite ! Puisse celle de M. Blinval être, comme la mienne, exempte de reproches ! (*Elle salue.*) Rentrons, Finette, et ne les perdons pas de vue : voilà, je l'espère, la dernière épreuve. (*Elles sortent.*)

SCÈNE X.

BLINVAL, FRONTIN, DORIMONT, LAFLEUR.

Blinval (*à part, au désespoir*).

C'en est donc fait !

Dorimont (*bas à Lafleur*).

Voici le moment de donner notre sérénade. (*Haut.*) Sans adieu, Monsieur. J'espère que la raison vous ramènera à des sentimens plus doux. Croyez-moi, ne nous occupons pas de ces pauvres maris ; ils sont à la Guadeloupe, hé bien, qu'ils y restent ; mais, au contraire, occupons-nous de leurs femmes ; elles en valent bien la peine, ma foi.

Blinval.

Monsieur, voulez-vous en finir ?

...MONT (*avec sang-froid*).

Paix ! ... paix ! ... point d'esclandre... plus tard nous nous reverrons.

BLINVAL.

Non, je veux à l'instant même....

FRONTIN.

Oui, oui. . .

LAFLEUR (*avec fatuité*).

Le petit matelot s'en mêle aussi !

DORIMONT.

C'est aujourd'hui la fête de Mad. Blinval ; et, en conscience, je ne puis. . . Demain matin je serai votre homme.

BLINVAL.

Quoi ! demain !

DORIMONT.

Oh ! soyez tranquille, vous avez affaire à un homme d'honneur.

LAFLEUR.

A demain, M. Sabord.

FRONTIN.

Comment....

LAFLEUR (*rehaussant sa cravatte*).

Vous avez affaire à un homme d'honneur.

DORIMONT, LAFLEUR (*sortent en chantant*).

J'ai long-temps parcouru le monde,
Et l'on m'a vu de toute part.

SCÈNE XI.

BLINVAL, FRONTIN, Mad. BLINVAL (*à la porte de la maison*).

BLINVAL.

Quelle pédanterie ! ... Ah ! qu'il me tarde de venger mon honneur outragé ! (*Il se jette dans un fauteuil.*) Mad. Blinval, vous avez pu détruire tous les liens qui m'attachaient à vous ; c'est loin de ces lieux, désormais, qu'il me faudra chercher le repos que vous m'avez ôté ! (*Avec le plus grand désespoir.*) Ah ! Frontin ! je suis le plus malheureux de tous les hommes !

FRONTIN (*sanglottant*).

Et moi, Monsieur !

Mad. BLINVAL.

Tu l'entends, Finette ?

FINETTE.

Bien, Madame.

Mad. BLINVAL.

La leçon est un peu forte, et me coûte beaucoup.

FINETTE.

Elle nous garantira à l'avenir de la manie des épreuves.
(*Blinval s'approche de la table et écrit.*)

FRONTIN.

Qu'allez-vous faire, Monsieur ?

BLINVAL.

Accabler l'ingrate de mon juste mépris, et partir. Qu'entends-je ?

(*On entend une sérénade.*)

FRONTIN.

Eh ! Monsieur, c'est une sérénade que l'on donne à nos femmes. Nous pouvons prendre notre part de la galanterie.

BLINVAL.

Que vois-je ! (*Il prend le lettre de Mad. de Tourville. Lisant.*) A Mad. Blinval...

Mad. BLINVAL.

C'est la lettre de Mad. de Tourville !

FINETTE.

Tout va se découvrir.

FRONTIN (*les bras croisés*).

Femmes perfides !

BLINVAL (*lisant*).

Ma chère amie !

FRONTIN.

Ma chère amie ! c'est un poulet !

BLINVAL (*continuant*).

» Votre mari et son domestique sont débarqués hier
» au Hâvre. » (*Il continue bas*).

FRONTIN.

Que signifie !....

BLINVAL (*avec ivresse*).

Ah ! mon cher Frontin !

FRONTIN.

D'où vient ce transport ?

BLINVAL (*lui donnant la lettre*).

Lis, mon ami... Ah ! Mad. Blinval, je suis votre jouet, et mon bonheur est à son comble !

FRONTIN (*parcourant le théâtre*).

Nos femmes sont charmantes, Monsieur !

BLINVAL.

Je savais bien que Mad. Blinval ! . . .

FRONTIN.

J'étais bien sûr que nos femmes étaient fidèles !

BLINVAL.

Conçois-tu ma joie ?

FRONTIN.

Concevez-vous mon ivresse ?

(*La musique a dû continuer piano jusqu'à ce moment.*)

BLINVAL.

Mon ami ! . . .

Frontin (*se jetant comme un fou dans les bras de son maître.*)

Monsieur, il faut que je vous embrasse !

Blinval.

Volons à leurs pieds ! . . . Frontin, différons notre bonheur; qu'elles partagent les inquiétudes qu'elles nous ont données; et, par un feint départ . . . Mais, non, non, ne prolongeons pas plus long-temps le plaisir de les serrer dans nos bras.

Air : *Me voilà.* (D'Angéline.)

Combien je suis coupable
D'avoir pu soupçonner ! . . .
O la plus adorable,
Peux-tu me pardonner !
Ami, je crois l'entendre,
Quel trouble je sens là !
Volons sans plus attendre !.....

Mad. Blinval, Finette, (*accourant*).

Nous voilà ! nous voilà !

SCÈNE XII.

Les précédens, Mad. BLINVAL, FINETTE.

Blinval (*avec transport et se jetant dans les bras de sa femme*).

Ah ! Madame, je sais tout !

Mad. Blinval.

Oui, cette lettre ! . . .

Frontin (*aussi dans les bras de Finette*).

Chère Finette !

Blinval.

C'est à vos pieds, désormais, que nous voulons vivre et mourir !

Mad. Blinval.

Nous ne nous souvenons plus que du mal que nous vous avons fait.

Blinval, Frontin, (*aux pieds de leurs femmes*).

(*Même air.*)

Cet excès d'indulgence
Nous pénètre ; et nos cœurs
Pleins de reconnaissance,
Abjurent leurs erreurs.

Mad. Blinval, Finette.

Quoi ! ces sots personnages,
Qui nous secondaient là,
Vous rendaient si peu sages !

Dorimont, Lafleur, (*arrivant avec gaîté*).

Nous voilà ! nous voilà !

SCÈNE XIII.

Les précédens, DORIMONT, LAFLEUR.

Dorimont, Lafleur.

Que vois-je !

Mad. Blinval.

Approchez, Messieurs.

Dorimont, Lafleur.

Que veut dire ceci ?

Blinval.

Cela veut dire que c'est à M. Blinval que vous aurez désormais affaire.

Dorimont (*se mordant les deigts*).

Quoi ! vous êtes ? . . .

Lafleur.

Il serait aussi ? . . .

FRONTIN (*se rehaussant*).

Monsieur Frontin.

LAFLEUR.

Ah ! ah !

DORIMONT.

Mais je ne comprends pas....

Mad. BLINVAL.

Rien de si facile, cependant.... J'étais avertie de l'arrivée de M. Blinval et de son domestique ; j'ai voulu me venger un peu de son déguisement, et vous m'avez servie au-delà de mes espérances.

DORIMONT.

Ainsi j'ai été votre jouet ?

Mad. BLINVAL.

Ne vous avais-je pas défendu l'entrée de ma maison ? Vous eussiez dû vous apercevoir, Monsieur, qu'un changement aussi subit en moi n'était pas naturel.

DORIMONT.

Ma foi, Madame, qui peut expliquer les femmes ?

Mad. BLINVAL.

Quoi qu'on puisse dire et penser sur les femmes en général, à l'avenir ne vous montrez qu'à bonnes enseignes. (*Le saluant.*) Recevez mes salutations.

DORIMONT.

Je le vois, Madame, c'est une manière honnête de me congédier ; je connais trop les usages pour ne pas me retirer à l'instant. Après cinq ans d'absence, on a bien des choses à se dire. Je vous laisse. (*D'un ton goguenard.*) Adieu, la plus perfide, la plus fidèle des femmes ?

LAFLEUR (*à Finette*).

Adieu, petit Satan !

DORIMONT (*revenant*).

A propos, et notre duel ?

BLINVAL.

Demain matin, m'avez-vous dit : de suite.

Mad. BLINVAL.

Ciel !

DORIMONT (*sortant*).

Rassurez-vous, Madame, je veux me venger, à mon tour, en ne troublant pas votre félicité.

BLINVAL.

Monsieur....

DORIMONT (*revenant encore*).

Encore un mot. Comment avez-vous trouvé la sérénade ?

BLINVAL.

Délicieuse !

DORIMONT.

Enchanté d'avoir pu vous être agréable.

(*Dorimont et Lafleur sortent en chantant :* Enfant chéri des dames.)

SCÈNE DERNIERE.

BLINVAL, Mad. BLINVAL, FRONTIN, FINETTE.

BLINVAL.

Ma chère amie !

Mad. BLINVAL.

A l'avenir, plus d'épreuve.

BLINVAL.

Jamais !

FINETTE.

A l'avenir, M. Frontin......

FRONTIN

Oh! j'étais sûr de ta fidélité; malgré cela, j'ai eu grand'peur!

FINETTE.

Avouez, Messieurs, que vous êtes battus?

FRONTIN.

Battus.... et contens!

VAUDEVILLE.

AIR: *Vaudeville des Scythes.*

FINETTE.

Du tendre hymen qui nous engage
Nous allons goûter la douceur;
Après quelques momens d'orage,
On savoure mieux le bonheur.
A l'avenir plus de surprise:
Souvenez-vous de la leçon;
Car, quoi qu'on fasse et quoi qu'on dise,
Toujours les femmes ont raison.

FRONTIN.

L'avocat chargé d'une affaire,
Promet le gain à son client;
Le conseil de son adversaire
Lui donne même espoir souvent.
Tous deux, forts de cette pensée,
Refusent accord, liaison;
Quand la sentence est prononcée,
Seule la Justice a raison.

BLINVAL.

Bellone, hélas! fut infidèle
Au Français pendant un seul jour;

Mais elle ne fit la cruelle
Qu'afin de doubler son amour.
L'honneur, au temple de Mémoire,
Immortalisera son nom ;
Dans les vastes champs de la gloire,
Ah ! toujours il aura raison.

Mad. Blinval (*au public*).

Notre Auteur attend sa sentence,
Et craint pour ce faible sujet ;
Mais souvent de votre indulgence
Il a connu l'heureux effet :
Au parterre, aussi bon que sage,
Il se livre avec abandon ;
Ah ! qu'un seul *bravò* l'encourage,
A son tour il aura raison.

www.ingramcontent.com/pod-product-compliance
Lightning Source LLC
LaVergne TN
LVHW012020160826
845678LV00002B/941

* 9 7 8 2 3 2 9 6 6 1 6 2 9 *